*Peter Sennig*

**Schnäpse & Liköre**
Selber machen für Anfänger

Das große Schnaps- und Likör Rezeptbuch mit 100 Rezepten zum Schnaps selber machen



**Haftungsausschluss**

Die Inhalte dieses Buches wurden mit größter Sorgfalt erstellt. Für die Richtigkeit, Vollständigkeit und Aktualität der Inhalte kann jedoch keine Gewähr übernommen werden. Der Inhalt des Buches repräsentiert die persönliche Erfahrung und Meinung der Autorin. Es wird keine juristische Verantwortung oder Haftung für Schäden übernommen, die durch kontraproduktive Ausübung oder durch Fehler des Lesers entstehen. Es kann auch keine Garantie auf Erfolg und/oder Genussübernommen werden. Die Autorin übernimmt daher keine Verantwortung für das Nicht-Gelingen der im Buch beschriebenen Methoden und Anwendungsmöglichkeiten. Sämtliche, hier dargestellten Inhalte, dienen somit ausschließlich der neutralen Information. Sie stellen keinerlei Empfehlung oder Bewerbung der beschriebenen oder erwähnten diagnostischen Behandlungsweisen oder Arzneimittel dar. Dieses Buch erhebt weder einen Anspruch auf Vollständigkeit noch kann die Aktualität und Richtigkeit der hier dargebotenen Information garantiert werden. Dieses Buch ersetzt keinesfalls die fachliche Beratung durch einen Arzt oder Apotheker und er darf nicht als Grundlage zur eigenständigen Diagnose verwendet werden. Ebenso ist bei Beginn einer Behandlung mit den beschriebenen Wirkstoffen auf jeden Fall vorher ein Arzt zu Rate zu ziehen. Die Autorin und die Herausgeber übernehmen keine Haftung für Unannehmlichkeiten oder Schäden, die sich aus der Anwendung der hier dargestellten Information ergeben. Dieses Buch enthält Links zu externen Webseiten, auf deren Inhalte die Autorin keinen Einfluss hat. Deshalb kann für diese fremden Inhalte auch keine Gewähr übernommen werden. Für die Inhalte der verlinkten Seiten ist stets der jeweilige Anbieter oder Betreiber der Seiten verantwortlich. Die verlinkten Seiten wurden zum Zeitpunkt der Verlinkung auf mögliche Rechtsverstöße überprüft. Rechtswidrige Inhalte waren zum Zeitpunkt der Verlinkung nicht erkennbar. Eine permanente inhaltliche Kontrolle der verlinkten Seiten ist jedoch ohne konkrete Anhaltspunkte einer Rechtsverletzung nicht zumutbar. Bei Bekanntwerden von Rechtsverletzungen werden wir derartige Links umgehend entfernen.

*Peter Sennig*

# Schnäpse & Liköre

*selber machen für Anfänger*

*Das große Schnaps und Likör Rezeptbuch mit 100 Rezepten zum Schnaps selber machen*

# Inhaltsverzeichnis

# Vorwort

Schnäpse und Liköre sind heutzutage ein fester Bestandteil unserer Gesellschaft. Sie bieten eine große Vielfalt, veredeln jede Feierlichkeit und weisen eine hochwertige Qualität auf. Schnaps wird nach dem Essen für die Verdauung getrunken, oder dient einfach nur dem Genuss. Er gehört zu festlichen Anlässen dazu, wird pur getrunken oder mit anderen Getränken gemischt und ist auf Partys kaum mehr wegzudenken.

Das Wort „Schnaps" stammt vermutlich aus der niederdeutschen Sprache. Es leitet sich von dem Begriff „schnappen" ab, was auf das schnelle Schlucken des Getränks hinweisen soll. Der Satz „Schnapp es" bürgerte sich irgendwann zu dem Begriff „Schnaps" ein.

## Die Geschichte des Schnaps

Alkohol in Form von Wein war schon bei bei den alten Römern und Ägyptern durchaus beliebt und auch die Kunst des Bierbrauens beherrscht die Menschheit schon seit Jahrtausenden. Die Technik der Destillation wurde jedoch erst im 13. Jahrhundert durch die Kreuzzüge nach Europa gebracht. Erst im 15. Jahrhundert setzte sich der Branntwein dann auch als Getränk durch, Liköre sogar erst im Laufe des 17. Jahrhunderts. Zuvor wurden beide lediglich als Medizin und Heilmittel eingesetzt.

Das Destillations-Verfahren war damals recht schwierig, doch entwickelte sich im Laufe der Jahre schnell. Mit der Zeit wurden auch Früchte, Knollen und Getreide zur Destillation verwendet, um diese zu verwerten. Die Qualität war allerdings sehr fragwürdig. Der erste Kornbrandwein entstand dann im Jahre 1507.

Heutzutage werden Obstbrände nur aus Obst mit hochwertiger Qualität hergestellt. Zudem existiert eine Vielzahl an verschiedenen Sorten, die aus unterschiedlichen Techniken und Rohmaterialien hergestellt werden.

**Die Herstellung und Verarbeitung von Schnaps**

Ein einheitliches Verfahren für die Herstellung von Spirituosen gibt es nicht, da sehr viele sich unterscheidende Techniken existieren. Die Destillation haben jedoch all diese Verfahren gemeinsam.

Um einen guten Schnaps herzustellen benötigt man hochwertige, zuckerhaltige Stoffe wie Obst, Zuckerrohr, Getreide oder auch Kartoffeln, die vorher Verzuckert wurden. Die Zutaten werden nun in einem sauberen Maischbehälter gegärt. Am Besten funktioniert dies mit vollreifem Obst, welches viel Fruchtzucker und Aroma enthält. Hat das Obst faule Stellen oder sind noch Blätter oder Stiele vorhanden, verschlechtert dies die Qualität enorm. Um die Gärung zu optimieren wird Reinzuchthefe dazu gegeben. Durch das Vergären des Zuckers entsteht aus dem Obst eine Maische, die etwa sieben Prozent Alkohol aufweist.

Anschließend wird die Maische in Destillierblasen erhitzt und gebrannt. Die Alkoholdämpfe steigen auf und werden über das Geistrohr zu einem Kühler geleitet, wo sie wieder zu Flüssigkeit kondensieren. Daraufhin

fließen diese durch das so genannte Glockenbodensystem, in welchem dem Destillat erneut der Wasseranteil entzogen wird. Das Endprodukt ist somit hochwertiger und reiner Alkohol.
Die Herstellung von Schnaps mit einem Destillier-Gerät ist nicht für jeden erlaubt. In Deutschland fällt dies nämlich unter das Bundesmonopolrecht und es wird eine Branntweinsteuer erhoben.

Für die Herstellung von Likören wird die Technik der „Mazeration“ genutzt. Hierbei werden Früchte für mehrere Tage in Wasser gelegt, bis es zu einem Diffusionsvorgang kommt. Nach und nach wird dieser Flüssigkeit dann immer mehr Zucker beigemischt. Hierbei unterscheidet man Kaltextraktion und Heißextraktion. Nach der Mazeration wird die Flüssigkeit ebenfalls destilliert. Das Destillat wird erneut mit Zucker versetzt, dann in einem Behälter reifen gelassen und anschließend in Flaschen abgefüllt.

Liköre und Schnäpse können heute jedoch teilweise auch einfach selber Zuhause hergestellt werden, indem man Fruchtsirup oder Aromen mit Zucker, Alkohol und

Wasser mischt. Um eine schöne Farbe zu erzeugen werden oft auch Farbstoffe zugegeben.

## Verschiedene Sorten

Wie bereits erwähnt gibt es eine große Auswahl an verschiedenen Schnapssorten. Diese werden teilweise auch nur regional produziert. Jedoch gibt es auch viele weltweit bekannte Schnäpse, die jeder kennt.

***Die wichtigsten Sorten sind:***

Branntwein
Obstbrand
Getreidebrand
Zuckerrohrbrand
Kräuterschnaps
Likör

### Branntwein

Der Branntwein ist ein echter Klassiker und wird vor allem in Südeuropa hergestellt. Er entsteht durch die Destillation von Wein, welcher anschließend weiterverarbeitet wird. Der Branntwein weist circa 40 Prozent Alkoholgehalt auf. Zu ihm gehören beispielsweise der Cognac und der Armagnac.

### Obstbrand

Obstbrände bestehen aus zur Maische verarbeiteten hochwertigem Obst, welches anschließend destilliert wird. Die bekanntesten Sorten sind hierbei der Apfelbrand und das Kirschwasser.

### Getreidebrand

Zum Getreidebrand gehören Spirituosen wie Whiskey, Korn und Vodka. Die Herstellung ist sehr einfach und die Rohstoffe sind leicht verfügbar. Getreidebrände eignen sich beispielsweise hervorragend für die Mischung von Cocktails.

## Zuckerrohrbrand

Der berühmteste Zuckerrohrbrand ist der Rum, welcher weltweit bekannt und beliebt ist.

## Kräuterschnaps

Kräuterschnäpse beinhalten beispielsweise Anis, Salbei, Kümmel oder Wacholder und werden auch oft als Heilmittel für Erkältungen, Blähungen oder Appetitlosigkeit verwendet.

## Likör

Das Wort Likör stammt aus dem Lateinischen und Bedeutet „Flüssigkeit". Liköre haben einen hohen Zuckergehalt und sind deshalb sehr schmackhaft. Der hohe Alkoholgehalt fällt durch die Süße oft gar nicht auf. Da die Zuckerpreise früher ziemlich hoch waren, galt der Likör bis ins 17. Jahrhundert als ein Getränk für wohlhabende Menschen. Heute gibt es viele verschiedene Sorten, die natürliche Aromen wie Kaffee, Schokolade, Eier, Kakao, aber auch Früchte und Kräuter enthalten.

Beispiele für Liköre sind Amaretto, Kirschlikör, Vanillelikör und Eierlikör Der Zuckergehalt muss mindestens 100 Gramm pro Liter betragen. Der Alkoholgehalt liegt im Durchschnitt bei 15 bis 35 Prozent.

**Schnaps und Liköre in Mischgetränken und Cocktails**

Für die Herstellung von Mischgetränken und Cocktails werden vor allem Whisky, Rum, Gin, Tequila, Brandy und Vodka gerne verwendet. Süße Fruchtsäfte oder Limonaden übertönen den bitteren Geschmack der Schnäpse und machen das Getränk schmackhafter. Beliebte Cocktails sind beispielsweise Tequila Sunrise, Swimming Pool, Mojito oder Caipirinha. Auch Liköre eignen sich sehr gut für das Mixen von Cocktails oder für das Verfeinern von Kaffeespezialitäten.

# Liköre

# Klassische Liköre

# Luxuriöser After Eight Likör

Schweregrad: Mittel
Geschmack: Minzig und lecker
Zutaten für: eine Flasche

**Zutaten:**

1 Packung After Eight
100 g Schokolade
500 ml Milch
150 g Zucker
3 Eigelb
450 ml Weinbrand

**Zubereitung:**

1. Zunächst die Schokolade zusammen mit der Milch erwärmen.
2. Dann Zucker und Eigelb hinzugeben und aufschlagen.
3. Nun die Masse solange verrühren, bis sie abgekühlt ist.
4. Jetzt Weinbrand zufügen.
5. Zum Schluss in eine Flasche umfüllen.

***Tipp:***

*Der Likör schmeckt noch besser, wenn er zwei Wochen lang gelagert wird.*

# Fruchtiger Erdbeer- Likör

Schweregrad: Leicht
Geschmack: Süß und fruchtig
Zutaten für: eine Flasche

**Zutaten:**
150 g Erdbeeren
75 g weißer Kandiszucker
1 Sternanis
250 ml Vodka

**Zubereitung:**

1. Zunächst die Erdbeeren waschen und in Stücke schneiden.
2. Dann Erdbeeren, Kandiszucker, Sternanis und Vodka in ein Schraubglas mit Verschluss geben.
3. Jetzt das Glas gut verschließen, schütteln und an einem kühlen, dunklen Ort ziehen lassen.
4. Zwischendurch das Gefäß mehrmals schütteln, sodass sich der Zucker darin gut auflöst.
5. Nach 4–6 Wochen den Erdbeerlikör ab sieben und in eine große Flasche umfüllen.

***Tipp:***
*Dieser Likör kann pur, auf Eis oder auch als Grundlage für einen Cocktail getrunken werden.*

# Edler Kaffee Likör

Schweregrad: Leicht
Geschmack: Kräftig und aromatisch
Zutaten für: eine Flasche

**Zutaten:**
180 g Zucker
180 Stück Kaffeebohnen
1 Flasche Vodka

**Zubereitung:**

1. Zucker, Kaffeebohnen und Vodka mischen.
2. Die Flüssigkeit in eine Flasche umschütten und kräftig schütteln.
3. Gut verschließen und bei Raumtemperatur etwa vier Wochen lagern.

***Tipp:***
*Während der Lagerung den Likör ab und zu schütteln.*

# Würziger Kräuterlikör

Schweregrad: Mittel
Geschmack: Würzig und frisch
Zutaten für: eine Flasche

**Zutaten:**

2 Handvoll Minze
2 Handvoll Basilikum
2 Handvoll Petersilie
2 Handvoll Salbei
2 Handvoll Thymian
2 Handvoll Majoran
1 Liter Weingeist
0,5 Liter Wasser
0,5 g Zucker
1 Zitrone

**Zubereitung:**

1. Zunächst die frischen Kräuter kalt abwaschen und trocknen.
2. Anschließend in ein Gefäß geben und den Weingeist darüber schütten.
3. Nun alles für zwei Wochen ziehen lassen.
4. Kurz vor Schluss die Schale einer unbehandelten Zitrone beigeben.

5. Dann den Zucker in einen Topf geben, Wasser hinzufügen und aufkochen, bis er sich auflöst.
6. Die Flüssigkeit kalt werden lassen und dann den Kräuterauszug dazugeben.
7. Abschließend den Likör abseihen.
8. In eine Flasche umfüllen, gut verschließen und etwa drei Monate lagern.

# Feiner Aprikosenlikör

Schweregrad: Mittel
Geschmack: Tropisch und erfrischend
Zutaten für: eine Flasche

**Zutaten:**

500 g Gedörrte Aprikosen
5 Nelken
1 Stange Zimt
150 g Zucker
1 Liter Cognac

**Zubereitung:**

1. Zunächst die Aprikosen mit den Gewürzen und dem Zucker in ein Einmachglas schichten.
2. Dann den Weinbrand darüber schütten.
3. Jetzt das Gefäß gut und luftdicht verschließen.
4. Alles etwa vier bis sechs Wochen an einem geschützten Ort lagern.
5. Danach den entstandenen Likör filtern und in eine große Flasche umschütten.

***Tipp:***

*Die eingelegten Aprikosen kann man zum Beispiel zu einem leckeren Dessert hinzugeben.*

# Lieblicher Sanddorn Likör

Schweregrad: Leicht
Geschmack: Süß, fruchtig und elegant
Zutaten für: eine Flasche

**Zutaten:**

1 Liter Sanddornsaft
700 ml Vodka
340 g Kandiszucker
800 ml Wasser

**Zubereitung:**

1. Zunächst das Wasser aufkochen und den Kandiszucker darin auflösen.
2. Danach alles abkühlen lassen.
3. Jetzt zum Zuckerwasser den Sanddornsaft und den Vodka hinzugeben.
4. Alles in eine Flasche geben und an einem dunklen Ort lagern.
5. Während der Lagerung kann sich der Sanddorn an der Oberfläche absetzen.

***Tipp:***

*Vor dem Trinken sollte man den Likör gut schütteln.*

# Cremiger Zitronen Sahne Likör

Schweregrad: Mittel
Geschmack: Sahnig und sauer
Zutaten für: eine Flasche

**Zutaten:**
5 Zitronen
1 Flasche Weißer Rum
350 g Zucker
1 Prise Vanillezucker
250 ml Sahne

**Zubereitung:**

1. Zunächst die Zitronen schälen und die Schale in ein großes Gefäß geben.
2. Dann den Vodka dazugeben und abdecken.
3. Nun die Zitronen pellen und anschließend vierteln.
4. Alles in ein großes Gefäß hineingeben und dann den Zucker darüber streuen.
5. Jetzt gut verschließen, ruhen lassen und etwa alle 6 Stunden umdrehen.
6. Nach zwei Tagen die Schalen aus dem Vodka nehmen, anschließend die Zitronen mit einem Löffel ausdrücken. Dann den Saft und den Zucker mit dem Alkohol vermengen.

7. Nochmals zwei bis vier Tage lagern, dabei ab und zu schütteln sodass sich der Zucker löst.
8. Zum Schluss noch die Sahne dazugeben und alles ein paar Minuten mixen.

***Tipp:***

*Wenn sich die Sahne und der Likör nach einiger Zeit etwas trennen, einfach kräftig schütteln.*

# Fruchtiger Brombeerlikör

Schweregrad: Mittel
Geschmack: Tropisch und fruchtig
Zutaten für: eine Flasche

**Zutaten:**
1 kg Brombeeren
1,5 Liter Trockener Rotwein
1 Vanilleschote
1 Stange Zimt
350 g Zucker
300 ml 95%iger Alkohol

**Zubereitung:**

1. Zunächst die Brombeeren, gut waschen und einen Tag an der Luft trocknen lassen.
2. Nun die Brombeeren in ein ausreichend großes Behältnis aus Glas geben und dann mit 1,5 Liter Rotwein übergießen, sodass alle Früchte bedeckt sind.
3. Jetzt eine Vanilleschote und eine Zimtstange längs halbieren und dazu geben.
4. Dann das Gefäß hermetisch verschließen und auf ein Tuch stellen, das rundherum hochgezogen und verknotet wird. Alles für 40 Tage an einem hellen Ort lagern.

5. Danach den Wein durch ein Koliertuch in eine Schüssel filtern, die Vanilleschote und die Zimtstange herausnehmen und die Brombeeren gut durch das Tuch auspressen.
6. Jetzt 350 g Zucker dazugeben und gut verrühren, bis der Zucker sich löst.
7. Danach 300 ml Alkohol dazugeben, in das gereinigte Gefäß zurück schütten und eine Woche ruhen lassen.

# Frischer Holunderblüten Likör

Schweregrad: Mittel
Geschmack: Leicht süß und erfischend
Zutaten für: eine Flasche

**Zutaten:**

1,5 Liter Holunderbeeren
0,7 Liter Vodka
100 g Zucker

**Zubereitung:**

1. Zunächst ein großes, gut verschließbares Glas zu 3/4 mit den Holunderbeeren füllen.
2. Dann den Zucker hinzufügen und mit dem Vodka auffüllen.
3. Das Glas fest verschließen, an einen warmen Platz stellen und sechs Wochen ziehen lassen.
4. Hin und wieder sollte man das Glas etwas durchschütteln.
5. Nach den sechs Wochen alles zunächst durch ein Sieb abgießen und die Blüten dabei etwas ausdrücken
6. Nun noch einmal durch ein Tuch oder einen Kaffeefilter aus Papier filtern.
7. Abschließend in eine Flasche abfüllen.

# Winterlicher Spekulatius Likör

Schweregrad: Leicht
Geschmack: Cremig und elegant
Zutaten für: eine Flasche

**Zutaten:**

150 ml Korn
250 ml Schlagsahne
50 g Puderzucker
3 EL Nutella
2 TL Spekulatius Gewürzmischung

**Zubereitung:**

1. Zunächst den Korn, die Nuss-Nougat-Creme, den Puderzucker und das Spekulatiusgewürz so lange verrühren, bis daraus eine glatte Masse geworden ist.
2. Dann die Schlagsahne etwas cremig schlagen und dazu geben.
3. Den Likör dunkel und kühl lagern.

***Tipp:***

*Der Likör ist circa 2 bis 3 Monate haltbar.*

# Süßer Pflaumenlikör

Schweregrad: Mittel
Geschmack: Frisch und süß
Zutaten für: eine Flasche

**Zutaten:**
600 g Pflaumen
300 ml Obstler
375 g Zucker
3 Gewürznelken
1 Sternanis

**Zubereitung:**

1. Die Pflaumen, den Obstler, den Zucker, Gewürznelken und Sternanis in ein gut verschließbares Gefäß geben.
2. Die Pflaumen etwas zerdrücken.
3. Alles etwa sechs Wochen lang reifen lassen.
4. Währenddessen gelegentlich umrühren.
5. Anschließend alles in eine geeignete Flasche umfüllen.

***Tipp:***
*Dieser Likör eignet sich sehr gut als Geschenk.*

# Schmackhafter Quittenlikör

Schweregrad: Mittel
Geschmack: Fruchtig und edel
Zutaten für: eine Flasche

**Zutaten:**

200 g Quitten
170 g Brauner Kandiszucker
0,5 Liter Korn

**Zubereitung:**

1. Zunächst die Quitten waschen, schneiden und in ein passendes Gefäß umfüllen.
2. Dann den braunen Kandiszucker dazugeben und den Korn darüber gießen.
3. Das Ganze etwa vier bis sechs Wochen im Dunkeln stehen lassen und zwischendurch immer wieder schütteln.
4. Anschließend sieben und in eine geeignete Flasche umfüllen.

***Tipp:***

*Dieser Likör ist einfach und passt perfekt zum Sommer.*

# Edler Johannisbeerlikör

Schweregrad: Mittel
Geschmack: Süß und würzig
Zutaten für: eine Flasche

**Zutaten:**

300 g Schwarze Johannisbeeren
200 g Rote Johannisbeeren
500 g Rohrzucker
3 Gewürznelken
1 Stange Zimt
1 Liter Obstbranntwein (Apfel)

**Zubereitung:**

1. Zunächst die Johannisbeeren waschen, auf Küchenkrepp abtropfen lassen und vorsichtig trocken tupfen.
2. Dann zusammen mit dem Zucker in eine große Flasche schütten und alles über Nacht ziehen lassen.
3. Am nächsten Tag die Zimtstange, die Nelken zusammen und den Obstschnaps in die Flasche füllen, fest verschließen und gut schütteln. An einem warmen Ort etwa vier Monate ruhen lassen und dabei gelegentlich gut durchschütteln.

4. Danach den Likör ab sieben und dabei vorsichtig die Beeren ausdrücken, um das Fruchtfleisch zu lösen.
5. Alles in eine passende Flasche umfüllen.

***Tipp:***

*Der Likör ist bei richtiger Lagerung etwa sechs Monate haltbar.*

# Erfrischender Rhabarber Vanille Likör

Schweregrad: Leicht
Geschmack: Fruchtig und süß
Zutaten für: eine Flasche

**Zutaten:**
0,5 g Kandiszucker
3 Stangen Rhabarber
1 Vanilleschoten
1 Packungen Vanillezucker
1,5 Flaschen Korn

**Zubereitung:**

1. Zunächst den Rhabarber waschen und in gleich große Stücke schneiden.
2. Dann mit dem Kandiszucker, den Vanilleschoten und dem Vanillezucker in einem großen Gefäß vermengen.
3. Nun den Korn darüber schütten.
4. Das Ganze zwei Wochen ziehen lassen.
5. Danach mit einem Tuch sieben und in eine passende Flasche umschütten.

***Tipp:***
*Dieser Likör schmeckt super eiskalt gekühlt.*

## Sommerlicher Himbeerlikör

Schweregrad: Leicht
Geschmack: Fruchtig und süß
Zutaten für: eine Flasche

**Zutaten:**
600 g Himbeeren
120 g Weißer Kandiszucker
1 Vanilleschote
0,5 Liter Vodka

**Zubereitung:**

1. Zuerst die Himbeeren waschen und in ein passendes verschließbares Glas geben und in diesem leicht andrücken.
2. Dann den Kandiszucker etwas zerhacken und ebenfalls hinein geben.
3. Nun Vanilleschote dazugeben und den Vodka darüber schütten.
4. Das Glas gut verschließen und in einem hellen Raum etwa vier Wochen lagern.
5. Währenddessen gelegentlich gut schütteln.
6. Danach absieben und in eine geeignete Flasche umfüllen.

# Klassischer Eierlikör

Schweregrad: Leicht
Geschmack: Cremig und süß
Zutaten für: eine Flasche

**Zutaten:**

5 Eigelb
100 g Puderzucker
1 Vanilleschote
300 g Schlagsahne
180 ml Schnaps

**Zubereitung:**

1. Zuerst Eigelb, Zucker und das Mark einer Vanilleschote schaumig schlagen.
2. Langsam und unter Rühren die Schlagsahne zufügen.
3. Zuletzt den Sprit unterrühren.
4. Alles etwa einen Tag oder länger reifen lassen.
5. Der Likör ist im Kühlschrank ca. vier Wochen haltbar.

***Tipp:***

*Die Eier sollten unbedingt frisch sein und eine gute Qualität haben.*

# Kräftiger Bierlikör

Schweregrad: Mittel
Geschmack: Kräftig und würzig
Zutaten für: eine Flasche

**Zutaten:**
4 Flaschen Bockbier
750 g Zucker
2 Vanilleschoten
0,5 Stangen Zimt
5 Gewürznelken
1 Liter Schnaps

**Zubereitung:**

1. Das Bockbier, den Zucker, die Vanillestangen, die Zimtstange und die Gewürznelken zum Kochen bringen.
2. Alles eine viertel Stunde köcheln lassen, dann vom Herd nehmen und eine Stunde ziehen lassen.
3. Jetzt alles sieben und dann noch einmal erhitzen.
4. Dann den Alkohol zugeben, alles abfüllen und einige Wochen dunkel reifen lassen.

***Tipp:***
*Ein tolles Geschenk für den Junggesellenabschied.*

# Zitroniger Limoncello

Schweregrad: Mittel
Geschmack: Frisch und fruchtig
Zutaten für: eine Flasche

**Zutaten:**
6 Zitronen
1 Liter Alkohol
1 Liter Wasser
400 g Zucker

**Zubereitung:**

1. Zunächst Zitronen sehr dünn schneiden, sodass nicht zu viel von der weißen Innenschale mitkommt.
2. Dann 1 Liter Alkohol in eine große Flasche geben.
3. Die Schalen hinzufügen.
4. Nach ca. 10 Tagen alles ab sieben.
5. Dann 1 Liter Wasser mit 400 g Zucker kurz aufkochen, sodass sich der Zucker auflöst.
6. Sobald die Zuckerlösung erkaltet ist, mit dem Zitronenalkohol mischen.

**Tipp:**
*Der Likör schmeckt eisgekühlt am besten. Aus den Resten der Zitronen, lässt sich Zitronenmarmelade machen.*

# Saftiger Maracuja Likör

Schweregrad: Mittel
Geschmack: Fruchtig und süß
Zutaten für: eine Flasche

**Zutaten:**

200 ml Sahne
150 g Zucker
1 Packung Vanillezucker
250 ml Korn
1 Liter Maracujasaft

**Zubereitung:**

1. Zunächst Sahne, Zucker, Vanillezucker, Korn und Maracujasaft verrühren.
2. Anschließend in eine geeignete Flasche umfüllen und in den Kühlschrank stellen.
3. Am besten über Nacht ziehen lassen.
4. Anschließend gut durchschütteln und kalt stellen

***Tipp:***

*Der Likör lässt sich wunderbar mit Sekt verlängern.*

# Würziger Lakritzlikör

Schweregrad: Mittel
Geschmack: Würzig und süß
Zutaten für: eine Flasche

**Zutaten:**
100 g Lakritze
4 EL Zucker
500 ml Weinbrand
200 g Sahne

**Zubereitung:**

1. Zunächst Lakritze in ein passendes Glas geben und den Weinbrand darüber schütten.
2. Dann das Glas locker verschließen und etwa zwei Tage stehen lassen.
3. Anschließend ab sieben.
4. Nun den Zucker hinzugeben, kräftig umrühren und dann die Sahne hinzufügen.
5. Der Likör hält gut gekühlt nur etwa zwei Wochen. Vor dem Trinken sollte er gut geschüttelt werden.

***Tipp:***
*Die Lakritze kann gut aufbewahrt und dann neu angesetzt werden.*

# Exotische Liköre

# Bali Likör

Schweregrad: Mittel
Geschmack: Cremig und sonnig
Zutaten für: eine Flasche

**Zutaten:**

10 g Grüner Tee
150 ml Wasser
4 Stängel Zitronengras
20 g Ingwer
150 ml Kondensmilch
50 g Palmzucker
150 g Kokosmilch
300 ml Papayaschnaps
1 Limone

**Zubereitung:**

1. Zunächst den Ingwer abwaschen und in schneiden, die braunen Blätter vom Zitronengras entfernen, ebenfalls waschen und in Scheiben schneiden, wobei nur der weißen und hellgrünen Teil verwendet werden soll.
2. Nun das Wasser erhitzen und den Grünen Tee, den Ingwer und das Zitronengras zugeben und kurz aufkochen.
3. Dann für 3 Minuten mit Deckel ziehen lassen.

4. Jetzt den Saft der Limone auspressen und diesen zum Papayaschnaps hinzugeben.
5. Die Kondensmilch, die Kokosmilch und den Palmzucker vermischen, den Tee abseihen und hinzufügen.
6. Mit einem Mixer alles gut vermischen, den Schnaps zufügen und etwa eine Minute pürieren.

# Vitaminlikör

Schweregrad: Mittel
Geschmack: Fruchtig und lecker
Zutaten für: eine Flasche

**Zutaten:**

300 ml Multivitaminsaft
150 g Zucker
250 ml Sahne
150 ml Rum
500 ml Vodka
1 Vanilleschote

**Zubereitung:**

1. Eine Woche vor der Prozedur die Vanilleschote in Zucker legen.
2. Dann zunächst den Fruchtsaft erwärmen und den Zucker langsam darin lösen, anschließend abkühlen lassen.
3. Nun zuerst langsam die Sahne, dann den Schnaps und anschließend den Rum einrühren und nach Bedarf nachsüßen.
4. Den Vitaminlikör kurz in den Kühlschrank stellen.

# Passionsfrucht Likör

Schweregrad: Mittel
Geschmack: Frisch und fruchtig
Zutaten für: eine Flasche

**Zutaten:**

2 Sharonfrüchte
6 Passionsfrüchte
150 g Weißer Kandiszucker
5 Gewürznelken
1 Flasche Weißer Rum

**Zubereitung:**

1. Zunächst die Sharonfrüchte waschen und klein schneiden.
2. Dann die Passionsfrüchte schneiden und ihr Fruchtfleisch heraus schaben.
3. Alles zusammen in ein passendes Gefäß geben.
4. Nun den Kandis und die Nelken hinzugeben.
5. Abschließend mit Rum übergießen.
6. Den Likör etwa vier Wochen ruhen lassen, dann abfiltern und nochmals reifen lassen.

***Tipp:***

*Dieser Likör eignet sich hervorragend für eine Gartenparty.*

## Tropischer Eierlikör

Schweregrad: Leicht
Geschmack: Cremig und köstlich
Zutaten für: eine Flasche

**Zutaten:**
20 Eigelb
220 g Zucker
380 g Milch
1 EL Glutamat
1 EL Vanilleextrakt
180 g Kokosmilchpulver
700 ml Obstler
1 TL Zimt

**Zubereitung:**

1. Zunächst mit einem Schneebesen Eigelb und Zucker auf höchster Stufe schaumig schlagen.
2. Dann die Milch und den Zimt hinzugeben.
3. Alles solange verrühren, bis die Masse gleichmäßig ist, anschließend den Vanilleextrakt dazumischen.
4. Nun 200 ml Obstler und das Kokosmilchpulver mit einem Schneebesen von Hand glatt verrühren, dann den restlichen Obstler zufügen und nochmals verrühren.

5. Den Rührer auf halbe Stufe schalten und die Flüssigkeit portionsweise unter laufender Maschine dem Gemisch aus Ei und Zucker zugeben und solange rühren, bis die Masse gleichmäßig ist.
6. In eine passende Flasche füllen und vor Gebrauch etwa eine Woche an einem kühlen, dunklen Ort lagern.

## Cranberry Likör

Schweregrad: Mittel
Geschmack: Frisch und süß
Zutaten für: eine Flasche

**Zutaten:**
400 g Cranberries
1 Orange
1 Zimtstange
350 g Brauner Kandiszucker
400 ml Vodka

**Zubereitung:**

1. Die Cranberries waschen und in der Küchenmaschine raspeln.
2. Dann die Orange waschen und schneiden.
3. Nun Früchte mit Zimtstange und Kandiszucker in ein großes, dichtes Gefäß geben.
4. Mit Wodka übergießen und verschließen.
5. Jetzt alles mindestens 6 bis 8 Wochen ziehen lassen und dabei öfter schütteln.
6. Danach den Likör abfiltern, in eine Flasche schütten und gut verschließen.
7. Anschließend weitere 2 Wochen lagern lassen.

# Fruchtiger Himbeerlikör

Schweregrad: Mittel
Geschmack: Exotisch und intensiv
Zutaten für: eine Flasche

**Zutaten:**
800 g Himbeeren
1 Vanilleschote
500 g Kandiszucker
1000 ml Himbeergeist

**Zubereitung:**

1. Die Himbeeren abwaschen und abtrocknen.
2. Die Vanilleschote einmal längs aufschlitzen.
3. Nun die Beeren mit der Vanilleschote und dem Kandiszucker in ein großes, dichtes Gefäß füllen und den Himbeergeist darüber schütten.
4. Das Gefäß gut verschließen und den Likör etwa sieben Wochen ziehen lassen, dabei öfter schütteln.
5. Dann den Likör durch einen Kaffeefilter filtern und in eine Karaffe füllen.
6. Anschließend weitere 2 Wochen reifen lassen.

***Tipp:***
*Dieser Likör hat eine wunderschöne Farbe.*

# Feiner Feigenlikör

Schweregrad: Leicht
Geschmack: Fruchtig und süß
Zutaten für: eine Person

**Zutaten:**
15 Stück Feigen
220 g Brauner Zucker
1 L Weißer Rum
2 Stangen Zimt

**Zubereitung:**

1. Zunächst die Feigen abwaschen, abtrocknen und schneiden.
2. Die Feigenstücke in ein großes, abschließbares Gefäß geben und die Zimtstange, sowie den braunen Zucker hinzugeben.
3. Mit dem Rum übergießen und für 6 bis 8 Wochen bei Zimmertemperatur stehen lasse., dabei das Gefäß öfters gut durchschütteln.
4. Nach der Lagerung über ein Mulltuch in eine Flasche abfüllen.

***Tipp:***
*Der Feigenlikör ist ein leckeres Shot Getränk.*

# Mispel Likör

Schweregrad: Mittel
Geschmack: Würzig und süß
Zutaten für: eine Flasche

**Zutaten:**
500 g Braune Mispeln
1 Stück Vanilleschote
250 g Kandiszucker
700 ml Doppelkorn

**Zubereitung:**

1. Zunächst die Vanilleschote längs halbieren.
2. Die Mispeln säubern, trocknen und mit einem kleinen Zahnstocher oder ähnlichem einstechen.
3. Die Mispeln, Korn, Zucker und die Vanilleschote in ein großes Glas einfüllen und fest mit einem Deckel verschließen.
4. Das Gefäß für etwa sechs Wochen reifen lassen und ab und zu durchschütteln.
5. Nach den sechs Wochen den Likör durch ein Mulltuch in eine saubere Flasche abfüllen.

***Tipp:***
*Je länger der Likör reift, desto besser schmeckt er.*

# Mango Passionsfrucht Likör

Schweregrad: Leicht
Geschmack: Fruchtig und süß
Zutaten für: eine Flasche

**Zutaten:**
12 Passionsfrüchte
200 g Mango
1 Vanilleschote
250 g Brauner Kandiszucker
700 ml Weißer Rum

**Zubereitung:**

1. Passionsfrüchte halbieren und Fruchtfleisch heraus löffeln.
2. Mango schälen und Fruchtfleisch in kleine Stücke würfeln.
3. Das Mark der Vanilleschote aushöhlen.
4. Nun das Passionsfruchtfleisch mit Mango, Vanilleschote, -mark und Kandiszucker in ein passendes Gefäß geben und alles mit Rum überschütten.
5. Das Gefäß verschließen und den Likör etwa 6–8 Wochen durchziehen lassen, dabei öfter schütteln.
6. Danach Likör filtern, in eine Flasche füllen und gut verschließen und weitere 2 Wochen reifen lassen.

# Exotischer Kaki Likör

Schweregrad: Leicht
Geschmack: Tropisch und frisch
Zutaten für: eine Flasche

**Zutaten:**
3 Kakis
1 Vanilleschote
150 g Kandiszucker
500 ml Birnengeist

**Zubereitung:**

1. Die Kakis waschen, das Fruchtfleisch herausnehmen und in Stücke schneiden.
2. Dann Vanilleschote aufschneiden und zusammen mit Kandis in ein Gefäß geben.
3. Alles mit Birnengeist übergießen.
4. Den Likör sechs Wochen reifen lassen, dann filtern und in eine passende Flasche füllen.

***Tipp:***
*Eignet sich super zum Verfeinern von Cocktails.*

# Außergewöhnliche Liköre

# Kumquat Likör

Schweregrad: Mittel
Geschmack: Frisch und würzig
Zutaten für: eine Flasche

**Zutaten:**
600 g Kumquats
1 Vanilleschote
4 Orangen
1 Zimtstange
350 g Brauner Kandiszucker
700 ml Weinbrand

**Zubereitung:**

1. Kumquats waschen, trocknen, schneiden und in ein Gefäß füllen.
2. Orangen gut abwaschen, Schale dünn und ohne die weiße Haut schälen, dann den Saft auspressen.
3. Schale und Saft zu den Kumquats hinzugeben.
4. Die Vanilleschote aufschlitzen und gemeinsam mit der Zimtstange und dem Kandis dazugeben.
5. Alles mit Weinbrand übergießen.
6. Gefäß gut verschließen und den Likör mind. 7 Wochen durchziehen lassen.
7. Durch einen Kaffeefilter filtern, in eine Flasche füllen und verschließen.

# Scharfer Ingwerlikör

Schweregrad: Mittel
Geschmack: Leicht scharf und süß
Zutaten für: eine Flasche

**Zutaten:**
30 g Ingwer
4 Nelken
12 Pimentkörner
100 g Weißer Kandiszucker
500 ml Apfelsaft
500 ml Weinbrand

**Zubereitung:**

1. Den Ingwer heiß abwaschen, zerhacken und gemeinsam mit den Gewürzen, Kandiszucker und dem Apfelsaft 15 Minuten bei mittlerer Hitze köcheln lassen.
2. Alles abkühlen lassen und die
3. Nun Flüssigkeit in ein Gefäß geben, mit dem Weinbrand übergießen und anschließend verschließen.
4. Eine Woche durchziehen lassen und öfter schütteln.
5. Den Likör durch einen Kaffeefilter filtern, in eine Flasche füllen und verschließen

# Melissen Likör

Schweregrad: Mittel
Geschmack: Edel und frisch
Zutaten für: eine Flasche

**Zutaten:**
2 Handvoll Melissen Blätter
1 Zitrone
500 g Kandiszucker
1 L Schnaps

**Zubereitung:**

1. Die Melissen Blätter in einem großen Schraubglas mit dem Kandis sowie den Zitronenscheiben vermengen.
2. Dann mit klarem Schnaps aufgießen.
3. Alles etwa drei Wochen ziehen lassen, zwischendurch schütteln.
4. Anschließend abfiltern und in eine Flasche abfüllen.

# Vanillepudding Likör

Schweregrad: Mittel
Geschmack: Cremig und süß
Zutaten für: eine Flasche

**Zutaten:**
200 ml Vodka
50 g Vanillezucker
40 g Zucker
1 Packung Vanillepuddingpulver
500 ml Sojamilch

**Zubereitung:**

1. Den Pudding laut Anleitung mit dem Zucker und der Sojamilch zubereiten.
2. Währenddessen den Vanillezucker und den Vodka verrühren, bis sich der Zucker gut aufgelöst hat.
3. Wenn der Pudding fertig ist, 350 g davon zum Vodka hinzugeben und dann so lange weiterrühren bis sich der Zucker ganz aufgelöst hat.
4. Anschließend den leckeren Likör in eine passende Flasche füllen und kühl stellen.

***Tipp:***

*Der Likör sollte zügig aufgebraucht werden.*

# Caipirinha Likör

Schweregrad: Mittel
Geschmack: Fruchtig und frisch
Zutaten für: eine Flasche

**Zutaten:**

8 Limetten
500 ml Cachaca
750 ml Wasser
500 g Zucker

**Zubereitung:**

1. Die Limetten zunächst abwaschen und trocknen.
2. Die Schale abschneiden und diese im Cachaca dicht verschlossen etwa acht Tage an einem dunklen und kühlen Ort ruhen lassen.
3. Anschließend das Wasser mit dem Zucker aufkochen und etwa zehn Minuten köcheln lassen.
4. Dann vom Herd nehmen und abkühlen lassen.
5. Den Cachaca durch ein Tuch zum Sirup hinzugießen und gut abgedichtet weitere zwei Tage ruhen lassen.

***Tipp:***

*Der Likör kann nach Belieben mit Lebensmittelfarbe kräftiger gefärbt und mit Wasser verdünnt werden.*

# Avocado Likör

Schweregrad: Mittel
Geschmack: Ergiebig und cremig
Zutaten für: eine Flasche

**Zutaten:**

2 Avocados
125 g Zucker
0,25 L Sahne
0,5 L Cognac

**Zubereitung:**

1. Die Avocados halbieren.
2. Dann das Fruchtfleisch mit Zucker und Sahne cremig und sehr fein pürieren, dann sieben, um alle Fasern zu entfernen.
3. Nun kräftig unter den Cognac quirlen und dann in eine Flasche füllen.
4. Vor Gebrauch kräftig schütteln.

***Tipp:***

*Der Likör sollte kühl und nicht zu lange gelagert werden.*

# Mirabellen Likör

Schweregrad: Mittel
Geschmack: Süß und lieblich
Zutaten für: eine Flasche

**Zutaten:**
1 kg Mirabellen
150 g Brauner Kandiszucker
1,5 L Vodka

**Zubereitung:**

1. Die Mirabellen zunächst abwaschen, entsteinen und halbieren.
2. Mit dem Kandis in ein großes Schraubglas geben, dann mit dem Vodka übergießen und das Glas verschließen.
3. Das Ganze nun 8 Wochen stehen lassen und jeden zweiten Tag leicht schütteln.
4. Nun den Likör sieben und in eine Flasche füllen.

***Tipp:***
*Alternativ können auch Pfirsiche verwendet werden.*

# Nussiger Pistazien Likör

Schweregrad: Mittel
Geschmack: Außergewöhnlich und cremig
Zutaten für: eine Flasche

**Zutaten:**

300 g Pistazien
200 g Sahne
200 g Marzipan
700 g Vodka
200 g Puderzucker

**Zubereitung:**

1. Die Pistazien so fein wie möglich zertrümmern.
2. Dann das Marzipan zerpflücken.
3. Nun die Sahne mit den Pistazien einmal kurz aufkochen lassen.
4. Dann die Sahne in die Küchenmaschine geben und rotieren lassen.
5. Kurz vor Ende das Marzipan hinzugeben und den Puderzucker ebenfalls.
6. Dann den Vodka eingießen und das Getränk in eine Flasche abfüllen.

## Cremiger Erdbeer-Sahne Likör

Schweregrad: Mittel
Geschmack: Süß und fruchtig
Zutaten für: eine Flasche

**Zutaten:**
300 g Erdbeeren
100 g Puderzucker
100 ml Wasser
30 ml Zitronensaft
170 ml Vodka
100 ml Sahne

**Zubereitung:**

1. Die Erdbeeren mit dem Zucker, Wasser und dem Zitronensaft im Mixer mixen.
2. Dann den Wodka dazugeben.
3. Alles nochmal durchmixen und dann die Sahne beigeben.
4. Nun noch einmal kurz mixen.
5. Dann für eine Stunde in den Kühlschrank stellen.

***Tipp:***
*Etwas rote Speisefarbe verleiht dem Likör eine tolle Farbe.*

# Schokoladenminze Likör

Schweregrad: Leicht
Geschmack: Schokoladig und frisch
Zutaten für: eine Flasche

**Zutaten:**

300 g Blätter Schokoladenminze
500 g Zucker
500 g Wasser
1 L Weingeist

**Zubereitung:**

1. Die Minzblätter mit kochendem Wasser überschütten.
2. Sobald das Wasser kühler ist, sowohl Zucker als auch Weingeist zugeben.
3. Alles eine Woche ziehen lassen.
4. Dann filtern.
5. In eine passende Flasche abfüllen und in den Kühlschrank stellen.

***Tipp:***

*Eventuell mit grüner Speisefarbe einfärben.*

# Alkoholfreie Liköre

# Kinder Karamell Likör

Schweregrad: Mittel
Geschmack: Schmackhaft und cremig
Zutaten für: eine Flasche

**Zutaten:**

200 g Karamellbonbons
200 ml Kaffeesahne
2 TL Kaffeepulver
1 Tasse Wasser

**Zubereitung:**

1. Die Karamellbonbons in eine große Flasche geben.
2. Dann Kaffee und kochendes Wasser vermischen und ebenfalls zu den Bonbons geben.
3. Alles mit Kaffeesahne auffüllen und kräftig schütteln.
4. Dann einen Tag ruhen lassen, sodass sich die Bonbons ganz aufgelöst haben.

***Tipp:***

*Ein alkoholfreier Likör für Autofahrer und Kinder.*

# Virgin Sangrita

Schweregrad: Mittel
Geschmack: Leicht scharf und vielseitig
Zutaten für: eine Flasche

**Zutaten:**

500 ml Passierte Tomaten
300 ml Orangensaft
1 Limette
1 TL Zucker
Salz und Pfeffer
Cayennepfeffer
Tabasco

**Zubereitung:**

1. Tomaten, Orangensaft, Cayennepfeffer und Zucker mischen.
2. Limette auspressen und den Saft hinzugeben.
3. Nun Salz, Pfeffer und Tabasco hinzufügen.
4. Alles in eine Flasche abfüllen.

***Tipp:***

*Im Kühlschrank ca. 1 Woche haltbar.*

# Falscher Baileys

Schweregrad: Mittel
Geschmack: Cremig und süß
Zutaten für: eine Flasche

**Zutaten:**

1 Becher Sahne
6 EL Puderzucker
2 EL Kakaopulver
2 EL Kaffee
1 Rum Aroma

**Zubereitung:**

1. Alle Zutaten vermischen und anschließend kalt stellen.
2. Nach der Kühlung sofort trinkbar.

***Trivia:***

*Leckere Baileys Alternative.*

# Falscher Eierlikör

Schweregrad: Mittel
Geschmack: Cremig und süß
Zutaten für: eine Flasche

**Zutaten:**
6 Eier
1 L Milch
1 TL Vanillezucker
2 EL Zucker
1 Prise Muskat
2 Tropfen rum Aroma

**Zubereitung:**

1. Eier mit Zucker schaumig schlagen.
2. Dann Vanillezucker und Aroma dazugeben.
3. Alles mit Milch gut verquirlen.
4. Dann in eine passende Flasche füllen und noch etwas Muskatnuss darauf geben.

***Tipp:***
*Perfekt für einen Kindergeburtstag.*

# Alkoholfreier Himbeerlikör

Schweregrad: Mittel
Geschmack: Sahnig und mild
Zutaten für: eine Flasche

**Zutaten:**

4 EL Jogurt
150 ml Milch
2 EL Himbeer- Getränkepulver

**Zubereitung:**

1. Alle Zutaten miteinander verrühren.
2. Dann in eine Flasche füllen und kalt stellen.

***Tipp:***

*Vor allem bei Kindern beliebt.*

## Virgin Vanille Eierlikör

Schweregrad: Leicht
Geschmack: Cremig und süß
Zutaten für: eine Flasche

**Zutaten:**
75 g Weiße Schokolade
200 ml Milch
1 TL Vanilleextrakt
6 Eigelb
50 g Puderzucker
200 g Sahne

**Zubereitung:**

1. Die Schokolade feinhacken.
2. Milch kurz aufkochen lassen und anschließend vom Herd nehmen.
3. Nun Schokolade einrühren, bis sie schmilzt.
4. Das Vanilleextrakt mit Eigelb, Puderzucker, Sahne und der warmen Milch verrühren.
5. Alles über ein heißes Wasserbad stellen und für etwa fünf Minuten cremig rühren.
6. In eine passende Flasche füllen und gut verschließen.

***Tipp:***
*Im Kühlschrank hält der Likör etwa eine Woche.*

# Akoholfreier Schoko-Chili Eierlikör

Schweregrad: Leicht
Geschmack: Cremig und süß
Zutaten für: eine Flasche

**Zutaten:**

75 g Zartbitterschokolade
200 ml Milch
1 TL Chiliflocken
6 Eigelb
50 g Puderzucker
200 g Sahne

**Zubereitung:**

1. Die Schokolade fein hacken.
2. Milch kurz aufkochen und dann vom Herd nehmen.
3. Nun Schokolade einrühren, bis sie schmilzt.
4. Die Chiliflocken mit Eigelb, Puderzucker, Sahne und der warmen Milch verrühren.
5. Alles über ein heißes Wasserbad stellen und für etwa fünf Minuten cremig rühren.
6. In eine Flasche füllen und verschließen.

***Tipp:***

*Im Kühlschrank etwa eine Woche haltbar.*

# Kinder Einhorn Likör

Schweregrad: Mittel
Geschmack: Süß und cremig
Zutaten für: eine Flasche

**Zutaten:**

700 g TK Erdbeeren
125 g Zucker
4 Becher Erdbeerjogurt
220 ml Milch
1 Becher Sahne
1 Vanilleschote
1 Päckchen Vanillezucker

**Zubereitung:**

1. Die Beeren auftauen.
2. Alle Zutaten mit den Erdbeeren zusammen in eine große Schüssel geben und dann mit einem Pürierstab pürieren.
3. Den Likör ab sieben, sodass die Erdbeerkerne aufgefangen werden.
4. Anschließend in eine passende Flasche abfüllen.

***Tipp:***

*Für einen normalen Likör einfach 250 ml Vodka hinzufügen.*

# Kinder Eierlikör

Schweregrad: Leicht
Geschmack: Cremig und lecker
Zutaten für: eine Flasche

**Zutaten:**

4 Eier
200 g Sahne
300 g Milch
75 g Stevia
1 EL Vanillezucker

**Zubereitung:**

1. Eier, Sahne, Milch und den Zucker in einen Mixer geben und gut vermischen.
2. Dann in eine Flasche füllen und kalt stellen.

***Tipp:***

*Schnell verbrauchen, da der Likör durch die Sahne nicht lange haltbar ist.*

# Muh-Muh Likör ohne Alkohol

Schweregrad: Mittel
Geschmack: Lecker und kamelartig
Zutaten für: eine Flasche

**Zutaten:**
16 Muh-Muh Bonbons
1 Becher Sahne
150 ml Milch

**Zubereitung:**

1. Die Sahne in einen passenden Topf schütten, die Bonbons hinzufügen, leicht erwärmen und dann solange verrühren, bis die Bonbons ganz geschmolzen sind.
2. Dann alles auskühlen lassen.
3. Ab und zu wieder rühren, sodass sich keine Haut bilden kann.
4. Dann die Milch unterrühren und in eine Flasche füllen.

***Tipp:***
*Im Kühlschrank lagern und am besten ganz schnell verbrauchen.*

# Virgin Himbeer Raffaello Likör

Schweregrad: Leicht
Geschmack: Cremig und traumhaft
Zutaten für: eine Flasche

**Zutaten:**

200 g Himbeeren
60 g Brauner Kandiszucker
12 Raffaellos
350 g Milch
40 g Zucker
40 g Himbeersirup
250 g Flüssige Sahne

**Zubereitung:**

1. Die Himbeeren und den Zucker zusammen mixen.
2. Dann den Himbeersirup hinzugehen und für 10 Minuten aufkochen und dann beiseite stellen.
3. Raffaellos mit einem Mixer ebenfalls zerkleinern.
4. Milch, Zucker und Sahne hinzugeben und erhitzen.
5. Dann den Himbeersirup hinzugeben und nochmals erwärmen.
6. Zum Schluss noch einmal kurz mixen und dann sieben und in eine Flasche abfüllen.

***Tipp:***

*Vor dem Trinken kurz schütteln.*

# Kinder Nutella Likör

Schweregrad: Mittel
Geschmack: Cremig und süß
Zutaten für: eine Flasche

**Zutaten:**
200 g Haselnussaufstrich
200 ml Milch
200 ml Sahne
1 Packung Bourbon Vanille

**Zubereitung:**

1. Alle genannten Zutaten in den Mixer geben und 30 Sekunden auf höchster Stufe vermischen.
2. Dann die Flüssigkeit in eine Flasche füllen und kalt stellen.

***Tipp:***
*Passt gut zu Weihnachten.*

# Virgin Yoguretten Likör

Schweregrad: Leicht
Geschmack: Cremig und fruchtig
Zutaten für: eine Flasche

**Zutaten:**
200 g Yogurette
200 ml Milch
200 ml Süße Sahne
50 g Zucker

**Zubereitung:**

1. Milch, Sahne, Yoguretten und den Zucker erwärmen, solange bis die Schokolade schmilzt.
2. Sobald alles flüssig vom Herd nehmen.
3. Das Getränk in eine Flasche umfüllen und kalt stellen.

***Tipp:***
*Wer mag kann auch 150 ml Vodka hinzugeben.*

# Echte Geheimtipps

# Herrlicher Marzipan Likör

Schweregrad: Mittel
Geschmack: Sahnig und cremig
Zutaten für: eine Flasche

**Zutaten:**
500 g Marzipanrohmasse
250 ml Milch
330 ml Brauner Rum
200 ml Sahne
4 cl Likör

**Zubereitung:**

1. Das Marzipan und die Milch erwärmen.
2. Dann restliche Zutaten zugeben, gut verrühren und kurz ziehen lassen.
3. Nun alles durch ein sauberes Geschirrtuch drücken.
4. Jetzt die lauwarme Masse "durchsieben": Die Enden des Geschirrtuches anheben und zu einem kleinen Säckchen zusammenführen.
5. Dann einfach alles durch das Handtuch wringen und in eine Flasche abfüllen.

***Tipp:***
*Am besten eiskalt servieren.*

# Süßer Gummibärchenlikör

Schweregrad: Mittel
Geschmack: Süß und fruchtig
Zutaten für: eine Flasche

**Zutaten:**
1 Tüte Gummibärchen
50 ml Grenadine
200 ml Schnaps
50 ml Rum
100 ml Limonade
1 Spritzer Zitronensaft

**Zubereitung:**

1. Die verschiedenen Gummibärchen mit Schnaps und Rum in ein geeignetes Gefäß geben.
2. In der Mikrowelle auf etwa 50 Grad erhitzen und danach gut schütteln.
3. Dies wird so lange wiederholt, bis die Gummibärchen geschmolzen sind.
4. Sobald alles flüssig ist, die Flüssigkeit und alle anderen Zutaten in eine passende Flasche geben und nochmals gut durchschütteln.
5. Nun abkühlen lassen.

## Luxuriöser Toffifee Likör

Schweregrad: Mittel
Geschmack: Süß und karamellartig
Zutaten für: eine Flasche

**Zutaten:**
100 g Brauner Zucker
1 Ei
15 Toffifees
200 ml Sahne
200 ml Kondensmilch
200 ml Vodka

**Zubereitung:**

1. Den Zucker und das Ei in einen Topf geben und so lange rühren, bis sich der Zucker ganz aufgelöst hat.
2. Anschließend die Toffifees, die Kondensmilch und die Sahne hinzugeben und immer weiter rühren, bis sich die Toffifees aufgelöst haben und eine Masse entsteht.
3. Nun den Vodka hinzugießen und alles gut verrühren.
4. Anschließend den Likör sieben und mit einem Trichter in eine Flasche umfüllen.

***Trivia:***
*Dieser Likör ist ein leckeres Geschenk.*

# Italienischer Giotto Likör

Schweregrad: Mittel
Geschmack: Süß und cremig
Zutaten für: eine Flasche

**Zutaten:**
4 Stangen Giotto
200 ml Milch
1 Päckchen Vanillezucker
200 ml Kondensmilch
100 g Zucker
200 ml Sahne
200 ml Vodka

**Zubereitung:**

1. Die Milch, die Sahne, die Kondensmilch, den Zucker und den Vanillezucker in einen Topf schütten.
2. Alles umrühren und erhitzen.
3. Dann die gehackten Giottos hinzufügen, umrühren und alles ganz kurz köcheln lassen.
4. Nun alles sieben und abkühlen lassen.
5. Den Vodka dazugeben und unterrühren.
6. Nun den Likör in eine passende Flasche abfüllen und gut verschließen.

**Tipp:**
Statt Vodka kann man auch Rum verwenden.

## Winterlicher Lebkuchen Likör

Schweregrad: Leicht
Geschmack: Weihnachtlich und würzig
Zutaten für: eine Flasche

**Zutaten:**

200 g Nuss-Nougat Creme
0,5 EL Lebkuchen Gewürz
125 g Puderzucker
250 ml Brauner Rum
100 ml Weinbrand
200 g Schlagsahne

**Zubereitung:**

1. Die Nuss-Nougat-Creme, das Gewürz und den Puderzucker in eine Schüssel geben.
2. Nach und nach Rum, Weinbrand und Sahne unterrühren.
3. Die Mischung über Nacht in den Kühlschrank stellen.
4. Am nächsten Tag in seine Flasche abfüllen.

***Tipp:***

*Der Likör ist im Kühlschrank etwa 4 Wochen haltbar.*

# Fruchtiger Mandarinen Likör

Schweregrad: Mittel
Geschmack: Frisch und fruchtig
Zutaten für: eine Flasche

**Zutaten:**
8 Mandarinen
200 g Brauner Zucker
3 Stück Sternanis
4 Kardamomkapseln
150 ml Vodka

**Zubereitung:**

1. Die Früchte waschen, möglichst dünn die Schale abschneiden und halbieren.
2. Den Saft auspressen, mit Zucker, Sternanis, Kardamom und Mandarinenschale zusammen aufkochen lassen.
3. Etwa 6-8 Minuten köcheln lassen.
4. Den Sirup dann absieben und den Vodka unterrühren.
5. Den Likör in eine passende Flasche umfüllen und gut verschließen.

***Tipp:***
*Den Likör dunkel und kühl lagern.*

# Feuriger Schoko Chili Likör

Schweregrad: Mittel
Geschmack: Edel und ungewöhnlich
Zutaten für: eine Flasche

**Zutaten:**

450 g Nutella
500 ml Schnaps
180 g Zucker
250 g Sahne
1 Prise Chili Pulver
4 EL Rum

**Zubereitung:**

1. Zunächst die Nutella erhitzen bis sie flüssig wird.
2. Dann den Schnaps, den Rum, den Zucker und das Chili-Pulver in kurz durchmixen.
3. Danach die flüssige Nutella hinzugeben und noch einmal gut vermischen.
4. Abschließend kurz die Sahne unterheben.
5. Nun alles in eine passende Flasche umfüllen und etwa einen Tag ruhen lassen.

***Tipp:***

*Vor dem Trinken sollte die Flasche kurz durchgeschüttelt werden.*

# Klassische Schnäpse

# Holunder Schnaps

Schweregrad: Mittel
Geschmack: Fruchtig und leicht
Zutaten für: eine Flasche

**Zutaten:**
20 Stück Holunderblüten
1 Liter Wasser
450 g Zucker
2 Litern Korn
1 Vanilleschote
1 Spritzer Zitronensaft

**Zubereitung:**

1. Die Holunderblüten für circa zwei Stunden in Wasser einlegen.
2. Anschließend Zucker, Korn, Vanilleschote und Zitronensaft hinzufügen.
3. Den Schnaps nach circa 48 Stunden von den Blüten trennen.
4. Dann in eine Flasche abfüllen.

***Tipp:***
*Die Holunderblüten wachsen zwischen Mai und Juli.*

# Apfel Korn

Schweregrad: Mittel
Geschmack: Fruchtig und stark
Zutaten für: eine Flasche

**Zutaten:**
2-4 Flaschen Reiner Apfelsaft
1 Flasche Primasprit
5 Gläschen Aprikot Brandy
300 g Zucker
2 Tropfen Bittermandel Aroma

**Zubereitung:**

1. Den Apfelsaft und der Zucker in einem großen Topf erwärmen.
2. Danach alle anderen Zutaten hinzufügen und gut umrühren.

***Tipp:***
*Der Trend-Schnaps aus den sechziger Jahren.*

# Rhabarber Schnaps

Schweregrad: Leicht
Geschmack: Stark und fruchtig
Zutaten für: eine Flasche

**Zutaten:**
2 Liter Rhabarbersaft
1 Flasche Korn
10 Packungen Vanillezucker

**Zubereitung:**

1. Alle Zutaten miteinander vermischen.
2. In eine Flasche abfüllen.

***Tipp:***
*Schmeckt am besten gut gekühlt.*

# Basilikum Schnaps

Schweregrad: Leicht
Geschmack: Kräftig und frisch
Zutaten für: eine Flasche

**Zutaten:**
750 ml Wasser
1 Liter Schnaps
40 Blätter Basilikum
500 g Zucker

**Zubereitung:**

1. Die Basilikum Blätter in Alkohol einlegen und darin mindestens 56 Stunden ruhen lassen.
2. Dann den Zucker in Wasser geben, aufkochen und abkühlen lassen.
3. Nun den gefilterten Alkohol mit dem nun kalten Zuckerwasser mischen.
4. In eine Flasche umfüllen und kalt stellen.

***Tipp:***
*Der Schnaps hat eine erfrischend grüne Farbe und fördert die Verdauung.*

# Mexikaner Schnaps

Schweregrad: Mittel
Geschmack: Feurig und würzig
Zutaten für: eine Flasche

**Zutaten:**
0,7 Liter Korn
1 Liter Tomatensaft
80 ml Zitronensaft
0,5 Liter Passierte Tomaten
80 g Tomatenmark
35 ml Tabasco
1 Flasche Sangrita Picante
4 EL Zucker
3 EL Salz
3 EL Pfeffer

**Zubereitung:**

1. Alle genannten Zutaten in eine passende Schüssel geben und gut miteinander verrühren.
2. Über Nacht im Kühlschrank gut ziehen lassen, damit der Korn und der Tabasco ihren vollen Geschmack entfalten.
3. Nun abschmecken.
4. Den fertigen Schnaps in eine passende Flasche füllen und wieder in den Kühlschrank stellen.

# Turmgeist Schnaps

Schweregrad: Leicht
Geschmack: Frisch und fruchtig
Zutaten für: eine Flasche

**Zutaten:**

0,5 Flasche Korn
0,5 Flasche Vodka
1,5 Liter Orangensaft
1,5 Liter Maracujasaft
3 Packungen Vanillezucker

**Zubereitung:**

1. Alle Zutaten miteinander vermischen.
2. Den Schnaps in Flaschen abfüllen.
3. Kalt stellen.

# Jogurt Schnaps

Schweregrad: Mittel
Geschmack: Cremig und fruchtig
Zutaten für: eine Flasche

**Zutaten:**

200 ml Schlagsahne
200 ml Maracujasaft
100 ml Vodka
200 g Jogurt
1 Packung Vanillinzucker
4 EL Zucker

**Zubereitung:**

1. Alle Zutaten miteinander vermengen.
2. In eine passende Flasche füllen und gut servieren.
3. Kalt stellen.

# Maracuja Erdbeer- Schnaps

Schweregrad: Leicht
Geschmack: Fruchtig und einfach
Zutaten für: eine Flasche

**Zutaten:**
1 Liter Maracujasaft
400 ml Sahne
250 ml Korn
500 g Erdbeeren
2 Packungen Vanillezucker
200 g Rohrzucker

**Zubereitung:**

1. Alle Zutaten in eine passende Schüssel geben und mit einem Mixer zerkleinern.
2. In eine Flasche abfüllen.
3. Das Getränk kühl lagern und innerhalb von 1 - 2 Tagen verbrauchen.

***Tipp:***
*Dieser süße, rosa Schnaps ist besonders für einen Mädelsabend geeignet.*

# Pfefferminz Schnaps

Schweregrad: Mittel
Geschmack: Erfrischend und sommerlich
Zutaten für: eine Flasche

**Zutaten:**
10 Stängel Minze
3 Stängel Zitronenmelisse
5 Körner Koriander
3 Gewürznelken
12 Stück Kandiszucker
1,5 Liter Doppelkorn

**Zubereitung:**

1. Zunächst die Minze und die Zitronenmelisse abspülen, die Blätter abzupfen und alles nebeneinander auf eine Lage Papier geben.
2. Dann eine zweite Lage darüber legen und so die Blätter trocken tupfen.
3. Nun Koriander und Nelken grob zerstoßen.
4. Die Kräuterblätter und die Gewürze in eine große Flasche füllen.
5. Alles mit Schnaps übergießen und dann an einen hellen, aber nicht zu sonnigen Platz stellen.
6. Mindestens vier Wochen gut ziehen lassen und ab und zu schütteln.

7. Dann durch ein Sieb gießen und erneut in eine Flasche umfüllen.
8. Nach etwa drei Wochen ist der Schnaps am besten.

# Apfelschnaps

Schweregrad: Leicht
Geschmack: Süß und fruchtig
Zutaten für: eine Flasche

**Zutaten:**
4 Äpfel
2 Zitronen
1 Vanilleschote
1 Liter Vodka

**Zubereitung:**

1. Die Äpfel abwaschen, schälen und würfeln.
2. Dann die Schale der Zitronen abreiben und ihren Saft auspressen.
3. Nun die Äpfel in ein passendes Gefäß geben und dann den Zitronensaft, den Zitronenabrieb und die Vanilleschote hinzugeben.
4. Mit Vodka aufgießen und das Gefäß verschließen.
5. An einem warmen, hellen Ort für circa sechs Wochen ruhen lassen.
6. Anschließend den Ansatz filtern.
7. In eine Flasche abfüllen.

***Tipp:***
*Hilft auch gut bei einer Erkältung.*

# Trendsetter

# Trendiger Nimm-2 Schnaps

Schweregrad: Mittel
Geschmack: Süß und lecker
Zutaten für: eine Flasche

**Zutaten:**

200 g Nimm-2 Bonbons
700 ml Vodka
1 Liter Orangensaft

**Zubereitung:**

1. Die Bonbons in eine passende Schüssel geben.
2. Dann den Vodka darüber geben und die Schale mit einem Tuch abdecken.
3. Nun mindestens 12 Std. ziehen lassen, bis sich die Nimm-2-Bonbons aufgelöst haben.
4. Dann den Orangensaft zur Mischung hingeben und alles verrühren.
5. Anschließend den Nimm-2 Schnaps in eine passende Flasche füllen und fest verschließen.
6. Vor dem Servieren circa fünf Stunden ziehen lassen.

***Tipp:***

*Im Kühlschrank hält der Schnaps mindestens vier Wochen.*

# Tropischer Mango Vanille Schnaps

Schweregrad: Mittel
Geschmack: Fruchtig und tropisch
Zutaten für: eine Flasche

**Zutaten:**

1 Flasche Mangonektar
2 Reife Mangos
1 Flasche Vodka
0,5 Vanilleschote
2 Löffel Braunen Zucker

**Zubereitung:**

1. Zunächst die Mangos schälen und würfeln.
2. Nun kurz mit dem Nektar und der Vanilleschote aufkochen.
3. Danach die Vanilleschote rausnehmen und alles pürieren.
4. Eventuell etwas brauen Zucker hinzufügen.
5. Anschließend abkühlen lassen, den Wodka hinzufügen und gut umrühren.
6. In eine Flasche füllen.

***Tipp:***

*Im Kühlschrank ist der Likör ungefähr zwei Wochen haltbar.*

# Süßer Mirabellen Schnaps

Schweregrad: Mittel
Geschmack: Leicht und frisch
Zutaten für: eine Flasche

**Zutaten:**
1 kg Mirabellen
200 g Kandiszucker
1 Liter Gin

**Zubereitung:**

1. Die Mirabellen entkernen und in das Glas geben.
2. Dann den Zucker und den Alkohol darüber geben.
3. Nun den Ansatz 8 Wochen an einem dunklen Platz lagern und ab und zu durchschütteln.
4. Danach den Schnaps durch einen Filter in eine Flasche füllen.
5. Anschließend nochmals 4 - 6 Wochen ziehen lassen

***Tipp:***
*Dieser Schnaps verleiht Urlaubsfeeling!*

# Würziger Kümmelschnaps

Schweregrad: Leicht
Geschmack: Würzig und kräftig
Zutaten für: eine Flasche

**Zutaten:**

1 Liter Korn
2 EL Kümmel
2 EL Zucker

**Zubereitung:**

1. Den Korn mit den ganzen Kümmelsamen versetzen.
2. Dann den Zucker hinzufügen.
3. Mindestens zwei Wochen ziehen lassen.
4. In eine Flasche abfüllen.

***Tipp:***

*Hilft auch gut bei Blähungen.*

# Fruchtiger Pflaumen Schnaps

Schweregrad: Leicht
Geschmack: Fruchtig und süß
Zutaten für: eine Flasche

**Zutaten:**

500 g Pflaumen
0,25 L Wasser
150 g Zucker
125 ml Doppelkorn

**Zubereitung:**

1. Die Pflaumen abwaschen und schneiden.
2. Zusammen mit Wasser in einem Topf etwa 40 Minuten kochen lassen.
3. Nun durch ein Sieb laufen lassen und die Flüssigkeit auffangen.
4. Zusammen mit dem Zucker etwa 15 Minuten kochen lassen.
5. Abkühlen lassen und den Korn hinzugeben.
6. Dann in eine Flasche abfüllen.

# Erfrischender Eisbonbon Schnaps

Schweregrad: Leicht
Geschmack: Süß und frisch
Zutaten für: eine Flasche

**Zutaten:**
1 Flasche Vodka
125 ml Blue Curacao
40 Eisbonbons

**Zubereitung:**

1. Zunächst die Bonbons in ein Gefäß geben.
2. Vodka dazu schütten und Bonbons für einen Tag darin auflösen lassen.
3. Anschließend Blue Curacao untermischen.
4. In eine Flasche abfülle und kühlen.

***Tipp:***
*Der Schnaps hat eine herrlich blaue Farbe und ist vor allem im Sommer zu empfehlen.*

# Feuriger Chili Schnaps

Schweregrad: Leicht
Geschmack: Scharf und würzig
Zutaten für: eine Flasche

**Zutaten:**

0,7 Liter Vodka
1 Chili
1 Prise Salz

**Zubereitung:**

1. Die Chili einschneiden.
2. Dann Salz in den Vodka geben und die Chili hineinlegen.
3. Alles für sechs Wochen an einem dunklen Ort lagern.
4. In eine Flasche abfüllen und kalt stellen.

***Tipp:***

*Dieser Schnaps passt gut zu Bloody Mary.*

# Lustiger Kracher Schnaps

Schweregrad: Mittel
Geschmack: Süß und lecker
Zutaten für: eine Flasche

**Zutaten:**
1 Beutel Maoam Kracher
0,5 Flasche Korn
0,5 Flasche Maracujasaft

**Zubereitung:**

1. Die Maoam Kracher in eine Flasche geben.
2. Den Korn darüber gießen, die Flasche gut schließen und dann schütteln.
3. Nun für etwa drei Tage in den Kühlschrank stellen und dabei ab und zu schütteln.
4. Anschließend den Schnaps durch ein Sieb filtern und mit Maracujasaft vermischen.
5. In eine Flasche abfüllen.

***Tipp:***
*Vor dem Servieren gut schütteln.*

# Nuss Schnaps

Schweregrad: Leicht
Geschmack: Nussig und lecker
Zutaten für: eine Flasche

**Zutaten:**

250 g Walnüsse
0,25 Liter 90%iger Schnaps
0,5 g Zucker
0,5 Liter Wasser
0,24 Liter 50%ige Schnaps

**Zubereitung:**

1. Walnüsse enthäuten, zerstampfen und in eine Flasche füllen
2. Den 90%igen Alkohol hinzufügen und Flasche verschließen.
3. Etwa sechs Wochen lang im Sonnenlicht lagern und ab und zu schütteln.
4. Dann den Nussextrakt abseihen.
5. Zucker im Wasser auflösen und 50%ogen Alkohol und Nussextrakt hinzugeben.
6. Nun alles gut umrühren und in eine Flasche abfüllen.

# Sahniger Bananen Schnaps

Schweregrad: Leicht
Geschmack: Tropisch und fruchtig
Zutaten für: eine Flasche

**Zutaten:**

175 ml Vodka
250 ml Bananensaft
50 g Zucker
1,5 Packungen Vanillinzucker
150 g Jogurt
150 ml Schlagsahne

**Zubereitung:**

1. Vodka, Bananensaft, Zucker und Vanillinzucker vermengen und verrühren.
2. Dann den Jogurt hinzugeben und unterheben.
3. Die Sahne schlagen und ebenfalls unterheben.
4. Dann alles in eine passende Flasche umfüllen und kräftig schütteln.

***Tipp:***

*Im Kühlschrank hält der Schnaps etwa eine Woche.*

# Einfacher Waldmeister Schnaps

Schweregrad: Leicht
Geschmack: Süß und fruchtig
Zutaten für: eine Flasche

**Zutaten:**
250 ml Waldmeistersirup
500 ml Apfelsaft
500 ml Vodka

**Zubereitung:**

1. Alle Zutaten in eine Flasche füllen, vermischen und umrühren.
2. Dann für ein paar Stunden kalt stellen.

# Extravaganter Milch Schnaps

Schweregrad: Mittel
Geschmack: Milchig und süß
Zutaten für: eine Flasche

**Zutaten:**
0,5 Flasche Korn
0,5 Tüte Milch
1 Packung Vanillezucker

**Zubereitung:**

1. Die Milch und den Korn mischen.
2. Dann den Vanillezucker hinzugeben und auflösen.
3. Alles gut vermischen.
4. Dann in eine Flasche füllen und kalt stellen.

# Würziger Weihnachtsschnaps

Schweregrad: Mittel
Geschmack: Kräftig und würzig
Zutaten für: eine Flasche

**Zutaten:**

3 Orangen
1 Stange Zimt
2 Nelken
2 Körner Piment
1 Vanilleschote
125 g Brauner Kandiszucker
1 Beutel Glühwein-Fix
600 ml Vodka

**Zubereitung:**

1. Zunächst die Orangen waschen, schälen und auspressen, Vanilleschote aufschlitzen.
2. Die Orangenschale mit dem Saft und den restlichen Zutaten in eine Flasche geben, fest verschließen und gut schütteln.
3. An einem hellen Platz 6 - 8 Wochen ziehen lassen und die ersten Tage einmal täglich gut schütteln.
4. Abschließend die Schale und Gewürze entfernen.
5. In eine Flasche abfüllen.

***Tipp:***

*Dieser Schnaps ist perfekt für den Weihnachtsabend.*

# Leckerer Apfelstrudelschnaps

Schweregrad: Leicht
Geschmack: Süß und köstlich
Zutaten für: eine Flasche

**Zutaten:**

12 cl Malibu Coconut Rum
12 cl Apfelsaft
1 Prise Zimtpulver
1 Schuss Schlagsahne

**Zubereitung:**

1. Apfelsaft und Malibu vermischen.
2. Dann alles in eine Flasche füllen.
3. Zum Servieren mit Zimt und Sahne dekorieren.

***Tipp:***

*Sofort trinken und nicht zu lange lagern.*

# Frischer Lemon Schnaps

Schweregrad: Leicht
Geschmack: Frisch und angenehm
Zutaten für: eine Flasche

**Zutaten:**

0,5 Flasche Korn
1 Liter Mineralwasser
1,5 Zitronen
1,5 Packungen Getränkepulver mit Zitronengeschmack
1 Prise Zucker

**Zubereitung:**

1. Das Getränkepulver im Mineralwasser auflösen.
2. Dann Zitronen auspressen.
3. Den Zitronensaft, Korn und Zucker zu dem Mineralwasser hinzufügen und schütteln.
4. Kalt stellen.

***Tipp:***
*Lässt sich gut mit Cola mischen.*

# Scharfer Knoblauch Schnaps

Schweregrad: Leicht
Geschmack: Scharf und kräftig
Zutaten für: eine Flasche

**Zutaten:**
2 Knollen Knoblauch
1 Flasche Doppelkorn

**Zubereitung:**

1. Zunächst den Knoblauch abschälen und die Zehen teilen.
2. Dann in ein großes Gefäß geben.
3. Mit Doppelkorn übergießen und gut verschließen.
4. Den Schnaps etwa drei Wochen lang stehen lassen.
5. Abschließend filtrieren und in eine Flasche abfüllen.

***Tipp:***
*Dieser Schnaps fördert die Verdauung.*

# Sommerlicher Zirbenschnaps

Schweregrad: Mittel
Geschmack: Würzig und speziell
Zutaten für: eine Person

**Zutaten:**
1 Liter Kornbranntwein
3 Zapfen Zirbelkiefer
55 g Zucker

**Zubereitung:**

1. Die Zirbenzapfen im Juli ernten.
2. Dann in Scheibchen schneiden und in ein passendes Glas legen.
3. Den Zucker und den Korn darüber geben und das Glas verschließen.
4. Alles etwa fünf Wochen lang an einem warmen Platz durchziehen lassen.
5. Anschließend filtrieren und in eine Flasche füllen.

***Tipp:***
*Statt Kornbranntwein kann auch Obstler genommen werden.*

# Leckerer Käsekuchen Schnaps

Schweregrad: Mittel
Geschmack: Süß und außergewöhnlich
Zutaten für: eine Flasche

**Zutaten:**
375 g Quark
150 g Zucker
250 ml Vollmilch
2 Beutel Vanillinzucker
1 Beutel Zitronenzucker
200 ml Korn

**Zubereitung:**

1. Zunächst Quark, Zucker, Milch, Vanillinzucker und den Zitronenzucker zusammenmischen.
2. Mit einem Schneebesen vermengen, bis eine gleichmäßige Flüssigkeit entstanden ist.
3. Anschließend in eine passende Flasche füllen.
4. Dann mit Korn auffüllen, gut schwenken und schütteln.

***Tipp:***

*Der Schnaps sollte direkt serviert und möglichst nicht gelagert werden.*

# Fruchtiger Solero Schnaps

Schweregrad: Leicht
Geschmack: Süß und fruchtig
Zutaten für: eine Flasche

**Zutaten:**
350 g Vodka
5 Packungen Vanillezucker
1 L Maracujasaft

**Zubereitung:**

1. Zunächst den Zucker und den Vodka zusammen kurz erwärmen.
2. Dabei gelegentlich umrühren.
3. Anschließend den Maracujasaft hinzugeben und umrühren.
4. Alles in eine passende Flasche abfüllen und in den Kühlschrank stellen.

***Tipp:***
*Dieser Schnaps ist ein Highlight auf jeder Silvesterparty.*

# Verwöhnender Nutella Schnaps

Schweregrad: Leicht
Geschmack: Süß und cremig
Zutaten für: eine Flasche

**Zutaten:**
250 g Nutella
200 ml Milch
250 ml Vodka
50 g Brauner Zucker

**Zubereitung:**

1. Zunächst die Milch mit der Nutella und dem braunen Zucker mischen und mit einem Mixer verrühren.
2. Dann den Vodka dazugeben und nochmals mit dem Mixer verrühren.
3. Nun den Schnaps in eine Flasche umfüllen und in den Kühlschrank stellen.

***Tipp:***
*Der Schnaps hält im Kühlschrank etwa einen Monat.*

# Opas Lieblinge

# Opas Salbei Schnaps

Schweregrad: Leicht
Geschmack: Ungewöhnlich und würzig
Zutaten für: eine Flasche

**Zutaten:**

1 Liter Weizenkorn
250 g Weißer Kandiszucker
1 Bund Salbei

**Zubereitung:**

1. Ein Gefäß heiß auswaschen.
2. Die Salbeiblätter zupfen und waschen.
3. Den Kandiszucker zerkleinern.
4. Nun zuerst den Kandis, dann die Salbeiblätter und anschließend den Korn in das Gefäß füllen.
5. Alles etwa sechs Wochen lang dunkel und kühl lagern.
6. Anschließend den Ansatz filtern.
7. In eine passende Flasche abfüllen.

***Tipp:***

*Dieser Schnaps hilft auch gut bei Halsschmerzen.*

# Opas Kräuterschnaps

Schweregrad: Leicht
Geschmack: Würzig und herb
Zutaten für: eine Flasche

**Zutaten:**
2 Zweige Basilikum
2 Zweige Minze
2 Zweige Rosmarin
3 Zweige Salbei
2 Zweige Majoran
500 g Brauner Kandiszucker
1 Zitrone
1 Teebeutel Kamille
1000 ml Korn

**Zubereitung:**

1. Die Kräuter abwaschen, abtrocken und in ein passendes Gefäß füllen.
2. Die Zitrone heiß abwaschen, schälen und in das Gefäß dazugeben.
3. Nun den Teebeutel aufschneiden und die Kamille zusammen mit dem braunen Kandis dazugeben.
4. Nun den Korn darüber gießen.

5. Jetzt das Gefäß verschließen und den Schnaps an einem dunklen, kühlen Platz mindestens vier Wochen ziehen lassen.
6. Anschließend durch ein Sieb filtern und in eine Flasche abfüllen.

# Opas kräftiger Kaffeeschnaps

Schweregrad: Leicht
Geschmack: Schokoladig und kräftig
Zutaten für: eine Flasche

**Zutaten:**

0,75 ml Korn
0,4 cl Rum
1 Päckchen Vanillezucker
1 Tasse Brauner Kandis
40 Kaffeebohnen

**Zubereitung:**

1. Korn, Rum, Vanillezucker, Kandis und Kaffeebohnen in einem Gefäß vermengen.
2. Den Schnaps dunkel und kühl für etwa vierzehn Tage lagern.
3. Danach filtern und in eine passende Flasche abfüllen.

***Tipp:***

*Je länger der Schnaps zieht, desto intensiver wird er.*

# Opas Enzianschnaps

Schweregrad: Leicht
Geschmack: Frisch und würzig
Zutaten für: eine Person

**Zutaten:**

25 g getrocknete Enzianwurzel
1 Liter Korn

**Zubereitung:**

1. Die getrockneten Enzianwurzeln zerkleinern und in ein Gefäß geben.
2. Den Korn darüber schütten und das Gefäß gut verschließen.
3. An einem lichtgeschützten Ort für etwa drei Wochen lagern, dabei immer wieder kräftig schütteln.
4. Danach den Auszug in eine Flasche filtrieren.

***Tipp:***

*Der Enzianschnaps ist ein geschätztes Heilmittel und hilft bei Appetitlosigkeit und Verdauungsbeschwerden.*

# Opas Holunder Schnaps

Schweregrad: Mittel
Geschmack: Frisch und kräftig
Zutaten für: eine Flasche

**Zutaten:**

1,5 g Holunderbeeren
1 Liter Wasser
500 g Zucker
5 Packungen Vanillezucker
1 Flasche Rum
1-2 Tropfen Bittermandelaroma

**Zubereitung:**

1. Die reifen Holunderbeeren pflücken, Stiele lösen.
2. Danach die Holunderbeeren mit Wasser aufkochen und für etwa eine Stunde köcheln lassen.
3. Nach etwa 30 Minuten Vanillezucker, Zucker und Bittermandelaroma hinzugeben und ebenfalls köcheln lassen, dabei öfters umrühren.
4. Den Saft erkalten lassen, abseihen und mit dem Rum vermischen.
5. In eine passende Flasche umfüllen.

***Tipp:***

*Der Holunderschnaps wird sogar noch besser, wenn er ein paar Wochen lang zieht.*

# Opas Honig Schnaps

Schweregrad: Leicht
Geschmack: Frisch und süß
Zutaten für: eine Flasche

**Zutaten:**
350 g Honig
400 ml Wasser
250 ml Äthanol 96% aus der Apotheke
2 Zimtstangen
0,25 Zitronenschale

**Zubereitung:**

1. Zunächst Wasser erwärmen, Honig dazugeben und verrühren, bis dieser sich ganz aufgelöst hat.
2. Nun Honigwasser lauwarm werden lassen.
3. Dann den Alkohol hinzugeben und in eine passende Flasche umfüllen.
4. Nun die Zimtstangen und die Zitronenschale ebenfalls in die Flasche geben.
5. Jetzt die Flasche gut verschließen und gut schütteln.
6. Bei Zimmertemperatur etwa sieben Tage ziehen lassen, dabei gelegentlich schütteln.
7. Anschließend die Zimtstangen und Zitronenschalen entfernen.

# Opas Zitronenschnaps

Schweregrad: Leicht
Geschmack: Sauer und kräftig
Zutaten für: eine Flasche

**Zutaten:**
1 Zitrone
25 g Weißer Zucker
100 ml Wasser
700 ml Vodka

**Zubereitung:**

1. Die Zitrone abwaschen, abtrocknen, abschälen, halbieren und ihren Saft auspressen.
2. Dann den Saft einer halben Zitrone mit der Zitronenschale in eine Flasche geben.
3. Nun den Zucker mit dem Wasser aufkochen bis er sich auflöst, dann abkühlen lassen und auch in die Flasche umfüllen.
4. Abschließend den Wodka zufügen.
5. Alles gut vermischen und 5 Min. kräftig schütteln.
6. 24 Stunden im Kühlschrank ruhen lassen.
7. Den Schnaps filtern und in eine Flasche füllen.

***Tipp:***

*Der Zitronenschnaps kann sofort getrunken werden und muss nicht erst für längere Zeit reifen.*

# Opas Birnenschnaps

Schweregrad: Leicht
Geschmack: Frisch und angenehm
Zutaten für: eine Flasche

**Zutaten:**
750 g Birnen
750 ml Korn
6 EL Zitronensaft
375 g Kandiszucker

**Zubereitung:**

1. Die Birnen abwaschen, zerkleinern und in ein großes Glas geben.
2. Den Zucker hinzufügen und mit dem Korn bedecken.
3. Dann den Zitronensaft hinzufügen.
4. Das Gefäß dicht verschließen und etwa vier Wochen zugedeckt an einem warmen Ort lagern und ab und zu schütteln.
5. Danach durch ein Sieb abseihen und die Birnenstücke ausdrücken.
6. Abschließend den Schnaps in eine Flasche umfüllen und etwa vier Wochen im Keller nachreifen lassen.

***Tipp:***

*Für ein optimales Ergebnis sollten sehr reife und qualitätsvolle Birnen verwendet werden.*

## Opas Karamell Schnaps

Schweregrad: Leicht
Geschmack: Kräftig und süß
Zutaten für: eine Flasche

**Zutaten:**

1 Tüte Karamell-Bonbons
0,7 Liter Vodka

**Zubereitung:**

1. Die Karamell Bonbons in eine Flasche füllen.
2. Den Vodka darüber gießen.
3. Alles etwa zwei bis drei Tage in den Kühlschrank stellen.
4. Mindestens einmal am Tag kräftig durchschütteln.

***Tipp:***

*Der Karamell Schnaps ist im Kühlschrank sehr lange haltbar und eignet sich prima als Geschenk.*

# Opas Blutwurz Schnaps

Schweregrad: Leicht
Geschmack: Kräftig und würzig
Zutaten für: eine Flasche

**Zutaten:**

1 Handvoll Blutwurz Wurzeln
1 Handvoll Rosinen
150 g Kandiszucker
1 Liter Obstler

**Zubereitung:**

1. Die Blutwurz Wurzeln kurz vor, während oder nach der Blüte sammeln.
2. Die Wurzeln gründlich abwaschen, trocknen und in kleine Stücke schneiden.
3. Dann zusammen mit den Rosinen, Obstler und dem Kandiszucker in ein Gefäß geben.
4. Gut verschließen und für etwa vier bis sechs Wochen stehen lassen, dabei öfters schütteln.
5. Anschließend den Schnaps abseihen und in eine passende Flasche füllen.

***Tipp:***

*Für einen bittereren Geschmack kann mehr Blutwurz und weniger Zucker verwendet werden.*

## Impressum


1. Auflage

 Herausgeber, Lektorat und Cover: B.Badek, Carl-Isenmann-Straße 5, 77723 Gengenbach, Coverfoto: depositphotos.com. Sämtliche, hier dargestellten Inhalte, dienen somit ausschließlich der neutralen Information. Sie stellen keinerlei Empfehlung oder Bewerbung der beschriebenen oder erwähnten diagnostischen Behandlungsweisen oder Arzneimittel dar. Dieses Buch erhebt weder einen Anspruch auf Vollständigkeit noch kann die Aktualität und Richtigkeit der hier dargebotenen Information garantiert werden. Dieses Buch ersetzt keinesfalls die fachliche Beratung durch einen Arzt oder Apotheker und er darf nicht als Grundlage zur eigenständigen Diagnose verwendet werden. Ebenso ist bei Beginn einer Behandlung mit den beschriebenen Wirkstoffen auf jeden Fall vorher ein Arzt zu Rate zu ziehen. Die Autorin und die Herausgeber übernehmen keine Haftung für Unannehmlichkeiten oder Schäden, die sich aus der Anwendung der hier dargestellten Information ergeben

Printed in Poland
by Amazon Fulfillment
Poland Sp. z o.o., Wrocław

69781017R00078